# *Inhaltsverzeichnis*

# Nonverbale Kommunikation
## Wie Sie Menschen verstehen, ohne ein Wort zu sagen!

*Autor - Wilfried Toll*

## *Vorwort*

Haben Sie zwischenmenschliche Probleme? Oder
merken Sie beim Kennenlernen eines Menschen, es
passt oder es passt nicht? Es könnte an der
Kommunikation liegen.
Nicht nur Sprache verbindet uns mit Menschen,
sondern es gibt auch Kommunikation ohne Sprache,
die nonverbale Sprache. Dabei geht es um die
Sprache, die uns etwas signalisiert - also
Körpersprache, Mimik, Augenkontakt, Berührung,
Ton- und Stimmlage.

Stimmt das Gesprochene nicht mit der Körpersprache
überein, stimmt an der Person oder Situation vielleicht
etwas nicht und es kann zu privaten und beruflichen
Konflikten kommen.

Es gibt Trainingsmöglichkeiten, um die Körpersprache
deuten zu lernen. Dabei kommt es nicht nur auf die
Fremdwahrnehmung an, sondern auch darauf, sich
selbst besser wahrzunehmen und so Situationen auch
wahrheitsgemäß einzuschätzen.

Kommunikation ist ein besonders weitreichendes und
umfangreiches Thema, welches Sie näher zu sich und
anderen führt. Welche kulturellen Besonderheiten es
beim Thema Kommunikation gibt, erfahren Sie hier,
damit auch die Hürde zu anderen Kulturen besser

überwunden wird. Menschen wollen im Prinzip alle das Gleiche: Kontakt zu anderen Menschen. Wenn Sie Kommunikation lernen und verstehen, lernen Sie auch, sich selbst ein Bild des Gegenübers zu machen und nicht voreilig zu urteilen.

Das Buch ist eine Hilfe für Ihr Zusammenleben in der Gesellschaft.

# 1. Einleitung

In diesem Ebook dreht sich alles um das Thema nonverbale Kommunikation und wie wir etwas kommunizieren, ohne dabei etwas zu sagen. Denn auch wenn Menschen nicht sprechen, sind sie doch immer dazu in der Lage, auch anderweitig zu kommunizieren. Dies passiert mithilfe der Körpersprache, zu der neben dem Blick auch die Mimik und Gestik oder die Haltung einer Person zählen. Hiermit können Menschen einer anderen Person ebenfalls etwas mitteilen, ohne es direkt auszusprechen. Allerdings muss die andere Person in diesem Fall äußerst genau auf die Zeichen achten, welche der Kommunikationspartner aussendet und diese auch richtig deuten, um die jeweilige Aussage zu verstehen. Hierbei kann es von großem Vorteil sein, eine Person möglichst gut zu kennen, denn dann ist es oft deutlich einfacher, die Zeichen einer Person zu deuten, als wenn es sich um eine fremde Person handelt. Doch auch in diesem Fall gibt es einige Tricks, um die Körpersprache einer Person möglichst gut zu deuten.

Mit diesen Methoden wollen wir uns im Folgenden ein wenig ausführlicher beschäftigen. Schließlich kann es nie schaden, die Zeichen einer Person möglichst genau zu deuten, um auf diese reagieren zu können.

# 2. Sie „können nicht nicht kommunizieren"

*Warum nicht? Das erkläre ich Ihnen im Folgenden.*

## 2.1 Der Ausdruck ohne Sprache

Kommunikation findet permanent statt! Gerade die nonverbale Kommunikation ist ein sehr interessantes und wichtiges Thema. Runzeln Sie gerade die Stirn?

Wir kommunizieren permanent. Unser Gesicht, unser Körper, kommuniziert stetig mit unserem Gegenüber nonverbal. Es bedarf keiner Worte. Wir sind stumm, verdrehen die Augen, ziehen die Mundwinkel nach unten, lächeln, ziehen die Zornesfalten zusammen, diese Beispiele können beliebig erweitert werden.

Nonverbal bedeutet, es wird nicht gesprochen, sondern mittels Gestik und Mimik mit dem Gegenüber kommuniziert. Es dürfte für Sie interessant sein, wie sich der Begriff nonverbal zusammensetzt. Wie so häufig ist er lateinischen Ursprungs.[1]

---

[1] Vgl. Mai, Jochen, o.J.: Nonverbale Kommunikation: Was wir ohne Sprache ausdrücken. URL: https://karrierebibel.de/nonverbale-kommunikation/

## 2.2 Non gleich nicht, Verbum gleich Wort sowie communicare gleich sich verständigen

Nonverbale Kommunikation wird leider in unserem Sprachgebrauch weniger beachtet. Wir sprechen von der Kommunikation und lassen diesen sehr bedeutenden Faktor der nonverbalen Kommunikation außer Acht. Der direkten Sprache, sich richtig auszudrücken, wird eine Bedeutung beigemessen.

In der Schule wird im Deutschunterricht gelehrt, sich schriftlich korrekt auszudrücken, deutlich und grammatikalisch richtig zu sprechen, mit Ausdruck vorzulesen und mündlich klar zu kommunizieren. Der Gestik und Mimik wird nicht die Bedeutung beigemessen, die sie verdienen. Sie ist notwendig für ein erfolgreiches Leben. Die nonverbale Kommunikation als zweitrangig zu beachten, beeinflusst unser Leben jedoch immens. Denn gerade im weiteren Berufsleben ist es von Bedeutung, dass Sie Ihrer nonverbalen Kommunikation die gleiche Wertigkeit entgegenbringen.

Bei Vorträgen, bei der Gruppenarbeit und generell im gesamten Geschäftsleben wird nonverbal kommuniziert und diese Kommunikationsart ist die persönliche Visitenkarte und der bleibende erste Eindruck.

Die Schule sollte frühzeitig und deutlich Wert auf den nonverbalen Ausdruck legen. Bei den Vorträgen ist signifikant auf Haltung, Gesichtsausdruck und Blickkontakte zu achten. Lehrkräfte, Ausbilder der Lehrstätten, Professoren an den Unis, letztendlich alle unterrichtenden Kräfte, sollten einen Unterrichtsblock zum Thema Kommunikation im Allgemeinen mit dem besonderen Augenmerk auf die nonverbale Kommunikation weitergeben.

Was nützt die theoretische Bildung? In der Praxis entscheidet neben dem Wissen das tatsächliche Auftreten. Die Gebärdensprache lebt von der nonverbalen Kommunikation und kann nur in dieser Form zum Ausdruck gebracht werden. Mit Händen und starkem Gesichtsausdruck sowie übertriebenen Mundbewegungen sowie weiteren Gestiken kann das nicht gesprochene Wort dem Gehörlosen übermittelt werden. Schätzungen zu Folge sind 65 bis sogar 90 Prozent der Kommunikation nonverbale Kommunikation.
Das ist ein äußerst erstaunliches Ergebnis! Hätten Sie das gedacht?[2]

---

[2] Vgl. Mai, Jochen, o.J.: Nonverbale Kommunikation: Was wir ohne Sprache ausdrücken. URL: https://karrierebibel.de/nonverbale-kommunikation/.

## 2.3 Nonverbale Kommunikation läuft über fünf Kanäle

Bei der nonverbalen Kommunikation differenziert man fünf Kanäle, auf die ich im Folgenden genauer eingehen werde.

### Blicke der Augen

Die Augen, der Spiegel der Seele, drücken Ihrem Gegenüber klar aus, wie Sie sich fühlen. Fühlen Sie sich schlapp oder sind Sie sogar krank, drücken dies Ihre Augen aus. Sind Sie müde, sieht man es Ihren Augen an. Wird mit den Augen gerollt, gezwinkert, starr geblickt, nach oben zur Wand, schauen Sie Ihren Gegenüber an, schauen Sie missachtend weg? Die nonverbale Kommunikation findet permanent statt und Ihr Gegenüber erfährt mehr von Ihnen, als manche Worte es ausdrücken könnten. Die nonverbale Kommunikation ist schonungslos ehrlich.[3]

### Gestikulieren

Gesten sind wichtig und drücken nonverbal sehr viel aus. Sie sind ein wichtiges Instrument im Berufsleben,

---

[3] Vgl. Mai, Jochen, o.J.: Nonverbale Kommunikation: Was wir ohne Sprache ausdrücken. URL: https://karrierebibel.de/nonverbale-kommunikation/.

bei Vereinsversammlungen, in der Politik, bei Vorträgen allgemein und speziell für Schauspieler unerlässlich.

Sie warnen Sie vor, falls Gefahr droht. Die erhobene Faust, der erhobene Zeigefinger, die erhobenen Hände, welche sich heftig schränken, damit Sie keinen Schritt weitergehen.

Es gibt unzählige Beispiele. Fallen Ihnen noch welche ein?[4]

## *Optik*

Unsere Kanzlerin, Angela Merkel, drückt mit ihrem einreihigen Blazer und dem Hosenschnitt nonverbal ihre Linie aus. „Ich bin mir sicher, ich habe mein Vorgehen und dies gleichbleibend!"

Unser äußeres Erscheinungsbild kommuniziert nonverbal mit der Außenwelt. Über die Mode, welche getragen wird, die Hippieszene, die Alternative, der Punk, der Geschäftsmann im Anzug usw. Die Moderedakteurin setzt klare Akzente mit ihrem Outfit in der Front Row der Haute Couture Show in Paris. Die Post trägt die Briefe in einer Unternehmensuniform aus.

---

[4] Vgl. Mai, Jochen, o.J.: Nonverbale Kommunikation: Was wir ohne Sprache ausdrücken. URL: https://karrierebibel.de/nonverbale-kommunikation/.

Nonverbal wird die Zugehörigkeit kommuniziert, z. B. die grüne Bundeswehrkleidung mit getarntem Muster.

Mit der eigenen Optik möchte man erkannt und gesehen werden. Wir kommunizieren nonverbal, damit eine klare Einordnung stattfinden kann.[5]

## *Körperhaltung*

Die Haltung des Körpers ist ein klarer nonverbaler Ausdruck. Schultern zurück, Kinn leicht angehoben und aufrechter Gang kommunizieren lautlos Selbstbewusstsein. Hängende Schultern zeigen dem Gegenüber hingegen auf: Hier geht es einem Menschen nicht gut. Probleme, Opferhaltung und wenig Zuversicht sind sofort sichtbar. Straffer Gang mit großen Schritten oder zaghaftes Gehen. Die Entscheidung liegt bei Ihnen selbst. Die verschiedenen Sitzhaltungen zeigen nonverbal Stärke, Ängste, Unsicherheiten und Unwohlsein auf. Es ist wunderbar, Sie können in jeder Minute etwas verändern und sich nonverbal positiver ausrichten.[6]

---

[5] Vgl. Mai, Jochen, o.J.: Nonverbale Kommunikation: Was wir ohne Sprache ausdrücken. URL: https://karrierebibel.de/nonverbale-kommunikation/.

[6] Vgl. Mai, Jochen, o.J.: Nonverbale Kommunikation: Was wir ohne Sprache ausdrücken. URL: https://karrierebibel.de/nonverbale-kommunikation/.

*Das Mimikspiel*

Pantomimen leben alleine von der Mimik. Denken Sie an die Stummfilmzeit.
Die Technik war noch nicht so weit und konnte gleichzeitig die Stimmen der Schauspieler aufnehmen. Damals wurde ausschließlich durch die Mimik kommuniziert. Schauen Sie sich einmal wieder einen Stummfilm an und achten Sie auf die einzelnen nonverbalen Ausdrucksweisen. Tagtäglich kommunizieren wir mit den Augenbrauen, verziehen den Mund beziehungsweise lächeln.
Mit unserer Mimik können wir Gesichtsyoga betreiben, dem sogar eine Verjüngung nachgesagt wird.
Versuchen Sie einmal den Mund zu spitzen und wie ein Fisch auf und zu zumachen. Nach dieser Übung ist Ihr Mundbereich wieder lockerer.[7]


**Mit nonverbaler Kommunikation erfolgreich durchs Leben**

Die obige ausführliche Auflistung der interessanten Gesichtspunkte haben einen für Sie persönlich großen Mehrwert. Betrachten Sie diese Punkte, wird Ihnen sicherlich klar, wie wichtig das nonverbale

---

[7] Vgl. Mai, Jochen, o.J.: Nonverbale Kommunikation: Was wir ohne Sprache ausdrücken. URL: https://karrierebibel.de/nonverbale-kommunikation/

Kommunizieren und die Selbstkontrolle im Alltag unter allen diesen Gesichtspunkten sind.

Der richtige und kontrollierte Einsatz der nonverbalen Kommunikation kann Ihnen Vorteile und Erfolge und im Umkehrschluss ebenso Nachteile verschaffen. Die nonverbale Kommunikation ist ein wichtiger Entscheidungsträger, den Sie jeden Tag kontrollieren können und auch sollten.

Die Gestik mit gepflegten Fingernägeln, die Optik mit schicker Frisur, das Lächeln mit schönen und gesunden Zähnen, nonverbale Kommunikation ist Ihre Visitenkarte, auf die Sie allein jeden Tag positiven Einfluss haben.
Mit ein paar wichtigen Tipps können Sie die nonverbale Kommunikation im Alltag überdenken und anpassen:

Wie ist Ihr Händedruck?
Ein starker Händedruck mit trockenen Handflächen ist ein gelungener nonverbaler Auftakt. Wahren Sie einen persönlichen Abstand von 60 Zentimetern bis zu einem guten Meter. Der Abstand zwischen zwei Personen im Gespräch gehört dabei ebenfalls zum nonverbalen Ausdruck.

Kommen Sie einer Person zu nahe, empfindet diese es als unangenehm und das beeinflusst leider den weiteren Gesprächsverlauf nachteilig.

Die Spiegeltechnik aus dem Mentaltraining ist ein praktisches Instrument, um sich seinem Gesprächspartner nonverbal anzupassen. Beim Elterngespräch in der Schule ist es von Vorteil, sich neutral und positiv zu kleiden, sich den Lehrkräften anzupassen. Beim Vorstellungsgespräch sind eine Jeans mit Löchern, Springerstiefel und Netzshirt nicht angebracht.

Sich dem Gesprächspartner in der Kleidung anzupassen, verschafft Ihnen Vorteile. Durch das Anpassen werden Sie sich wohler fühlen. Die Spiegeltechnik rät dazu, sich bezüglich der Sitzhaltung dem Gegenüber anzugleichen. Jedoch sollte das nicht übertrieben werden, so dass es nicht auffällt. Beobachten Sie, was passiert, wenn Sie sich Ihrem Gegenüber unaufdringlich und unauffällig anpassen. Sie werden eine entspanntere Situation beobachten und sich selbst wohler fühlen. Gehen Sie bewusst durch das Leben und achten Sie auf Ihre nonverbale Sprache. Sie werden mit Freude feststellen, wie positiv sich Ihr Leben entwickelt, wenn Sie die Kriterien dieses Ebooks beachten.

Kontrollieren Sie immer wieder Ihre Haltung, Optik und Gestik.
Die Bäckereifachverkäuferin, die mit starrer Mine die Brötchen einpackt, wo Sie förmlich spüren, sie hat einen schlechten Tag. Lächeln Sie bewusst und übertragen Sie Ihre positive nonverbale Kommunikation.

Nonverbale Kommunikation ist genauso wichtig wie die direkte Ansprache. Es macht Spaß, sich zu beobachten und es bereitet noch mehr Freude, wenn die positive nonverbale Sprache neue Erfolge ins Leben zieht. Beobachten Sie und setzen Sie diese Tipps positiv um![8]

---

[8] Vgl. Mai, Jochen, o.J.: Nonverbale Kommunikation: Was wir ohne Sprache ausdrücken. URL: https://karrierebibel.de/nonverbale-kommunikation/

# 3. Interpretieren von nonverbaler Kommunikation

Menschen werden über den Tag mit einer ganzen Reihe an Informationen konfrontiert, die sie selbst erst einmal verstehen, aufnehmen und verarbeiten müssen, bevor sie in der Lage sind, darauf zu reagieren. Doch angesichts der Menge der Signale, die täglich auf uns hereinprasseln, werden nicht alle davon bewusst verarbeitet.

Einen Weg unseres Körpers, die Emotionen infolge einer Information zu verarbeiten, stellt beispielsweise unser Gesichtsausdruck oder unsere Körperhaltung dar. So ist es möglich, die Reaktion einer Person auf eine Information bereits an deren Körpersprache abzulesen. Aus diesem Grund möchte ich im Folgenden einmal genau erklären, anhand welcher Merkmale Sie die Reaktion einer Person wirklich ablesen können und worauf Sie hierbei achten sollten, um die ausgesendeten Zeichen bestmöglich zu deuten.[9]

---

[9] Vgl. Stangl, 2019: Die Deutung von nonverbaler Kommunikation. URL: http://arbeitsblaetter.stangl-taller.at/KOMMUNIKATION/KommNonverbale5.shtml

## 3.1 Gesichtsausdruck (Mimik)

An der Mimik eines Menschen können Sie, auch wenn dieser nichts sagt, einiges ablesen. Unter anderem können Sie an dessen Gesichtsausdruck erkennen, ob er glücklich oder traurig ist, also ob dieser lächelt oder eher einen traurigen Gesichtsausdruck hat und die Mundwinkel tief nach unten hängen. Somit lassen sich besonders seelische Vorgänge in einem Menschen an dessen Mimik ablesen, weshalb beispielsweise Pokerspieler während einer Partie versuchen, ihre Mimik zu kontrollieren, um die Freude oder Enttäuschung über die Karten auf der Hand nicht preiszugeben.

Doch wie Wissenschaftler aus Kalifornien herausgefunden haben, ist es allerdings nahezu unmöglich, seine Mimik vollständig zu kontrollieren, da es bei bestimmten Emotionen stets zu kleinen Muskelbewegungen kommt, welche Einfluss auf unsere Mimik haben und diese verändern.[10]

---

[10] Vgl. Stangl, 2019: Die Deutung von nonverbaler Kommunikation. URL: http://arbeitsblaetter.stangl-taller.at/KOMMUNIKATION/KommNonverbale5.shtml

## 3.2 Augen

Zu der Mimik gehören auch die Augen, welche häufig ebenso als Spiegel der Seele bezeichnet werden, denn auch hierüber können Sie die seelischen Vorgänge in einem Menschen äußerst genau ablesen. So weinen Menschen etwa, wenn sie Schmerzen haben oder wenn sie traurig sind und gleichermaßen strahlen die Augen einer Person, wenn diese glücklich ist oder sich freut. Somit werden Emotionen zumeist als Erstes über die Augen ausgedrückt, sogar bevor sich die restliche Mimik ebenfalls verändert. Daher sollten Sie einem Gesprächspartner immer zuerst in die Augen schauen, wenn Sie versuchen möchten, dessen Reaktionen zu deuten, ohne dass dieser etwas sagt. Häufiges Blinzeln kann beispielsweise darauf hindeuten, dass eine Person gerade nervös oder angespannt ist.

## 3.3 Körpersprache, Haltung und Bewegung

Die Haltung einer Person kommt unter anderem bei der Vorbereitung auf Vorstellungsgespräche häufig zur Sprache, denn auch sie kann etwas über eine Person aussagen.

Sitzen Sie beispielsweise gerade und aufrecht da und schauen Sie Ihrem Gegenüber in die Augen, signalisiert das zumeist Interesse, während eine allzu lockere Sitzhaltung und ein ständig abschweifender Blick unterschwellig eher negativ wahrgenommen werden.

Das Spielen mit den Fingern oder andere Bewegungen signalisieren dem Gesprächspartner dagegen, dass Sie nervös sind, sodass Sie hierauf ebenfalls achten sollten.
Eine relativ simple Möglichkeit, um solche ungewollten Bewegungen zu verhindern, ist es, die Hände während des Gesprächs in einer Position zu belassen so wie es beispielsweise die deutsche Bundeskanzlerin Angela Merkel bei einem Großteil ihrer Auftritte handhabt.[11]

---

[11] Vgl. Stangl, 2019: Die Deutung von nonverbaler Kommunikation. URL: http://arbeitsblaetter.stangl-taller.at/KOMMUNIKATION/KommNonverbale5.shtml

## 3.4 Gestik und Berührungen

Auch unsere Gesten oder Berührungen können einem anderen Menschen Aufschluss darüber geben, was wir gerade denken oder fühlen. Denn je nach Situation beeinflusst unsere Gefühlslage auch unsere Bewegungen und Handlungen. Aber wir verwenden bestimmte Gesten auch unterbewusst, zum Beispiel in einer Beziehung, in der wir uns dem Partner oftmals bereits mit Gesten offenbaren können, um zum Beispiel einen Kuss zu bekommen. Mit Gesten lassen sich jedoch positive und negative Gefühle vermitteln, beispielsweise kann Ablehnung mithilfe von Gesten ebenfalls deutlich übermittelt werden. Dabei gibt es viele Gesten, deren Bedeutungen auf der ganzen Welt gleich sind und welche daher jeder sofort mit etwas Positivem oder etwas Negativem verbinden kann. Und so besitzen unsere Gesten sowohl im privaten als auch im beruflichen Bereich eine hohe Bedeutung.

Doch auch mithilfe von Berührungen sind wir dazu in der Lage, uns anderen Menschen mitzuteilen, wenngleich zumeist eher im privaten Bereich, denn dort ist es an der Tagesordnung, den Partner auch einmal zu berühren. Und auch diese Berührungen können sowohl positiv als auch ablehnend sein und dem Partner einen Hinweis auf unsere momentane Gefühlslage liefern.

Ebenso im beruflichen Alltag sind bestimmte Berührungen dazu in der Lage, unseren Mitmenschen einen Hinweis über uns zu vermitteln. Geben wir einer Person beispielsweise die Hand, dann kann diese mitunter bereits an der Art unseres Händedrucks ablesen, ob wir eher nervös oder selbstbewusst in das kommende Gespräch gehen. Das zeigt ganz deutlich, dass selbst kleinste Berührungen, die für uns alltäglich sind, anderen Menschen ein Bild von uns vermitteln können, selbst wenn wir dies bewusst nicht einmal wahrnehmen. Daher sollten wir uns unserer Gesten und Berührungen sowie deren Bedeutung stets bewusst sein, um anderen Menschen in der Folge nicht versehentlich ein falsches Bild von uns zu vermitteln.[12]

## 3.5 Stimme und Geräusche

Wenn wir uns mit einer Person unterhalten, dann hören wir zumeist nur die Worte, welche diese sagt und achten nur selten auch auf die Art, wie etwas gesagt wird. Denn auch die Betonung oder die Stimmlage einer Person können uns etwas über die Hintergründe der Worte verraten. So bemerken wir die

---

[12] Vgl. Stangl, 2019: Die Deutung von nonverbaler Kommunikation. URL: http://arbeitsblaetter.stangl-taller.at/KOMMUNIKATION/KommNonverbale5.shtml

Nervosität eines Menschen ganz offensichtlich, wenn dieser stottert oder Desinteresse bzw. mangelnde Aufmerksamkeit, wenn uns jemand bittet, etwas zuvor Gesagtes nochmals zu wiederholen. Das sind nur offensichtliche Dinge, weshalb wir sowohl im privaten als auch im Berufsleben viel bewusster auf unsere Stimme und Geräusche achten sollten.

Beispielsweise können Sie häufig bereits an der Stimmlage einer Person erkennen, wie diese über eine bestimmte Sache denkt. Nimmt die Person eine zuvor erhaltene Information erfreut zur Kenntnis, dann wird deren Stimmlage in der Regel eher freudig und euphorisch sein. Wird die Information dagegen eher negativ zur Kenntnis genommen, dann kann es in der Folge durchaus passieren, dass sich die Stimmlage des Gesprächspartners verändert und deutlich ernster oder tiefer wird als gerade eben.

Auch wenn wir uns im privaten Bereich mit unserem Partner unterhalten, verändert sich unsere Stimmlage und wir sprechen deutlich ruhiger und leiser mit diesem. Dies kommt vor allem daher, dass wir uns bei dieser Person in der Regel geborgen fühlen und mit ihr über alles reden können. Deshalb sprechen wir mit unserem Partner normalerweise auch deutlich ruhiger als beispielsweise mit Personen auf der Arbeit. Denn dort müssen wir uns schließlich jeden Tag durch unsere Arbeit bewähren, im Gegensatz zu den eigenen vier Wänden, wo man auch einmal abschalten kann.

Ebenso wie unsere Stimme können allerdings auch Geräusche, die wir von uns geben, anderen einen Hinweis über unser Wohlbefinden liefern. So zeigt ein „hmm" an, dass wir über etwas nachdenken, während ein Seufzen davon zeugt, dass wir mit einer Sache nicht vorankommen oder nicht zufrieden sind. Dagegen zeigt ein Lachen anderen, dass wir etwas lustig finden oder uns amüsieren und wird daher meist positiver wahrgenommen als beispielsweise ein lautes Schnaufen, welches oft genervt wirkt.

Eine Besonderheit stellt das „Niesen" dar, welches wir uns manchmal auch in unangenehmen Situationen einfach nicht verkneifen können, zum Beispiel während eines wichtigen Meetings. Doch dann kommt es in erster Linie auf unser Verhalten an und wenn wir uns so beim Niesen die Hand vor den Mund halten, dann wird nur in den seltensten Fällen einer der Kollegen negativ darauf reagieren. So etwas kann schließlich immer einmal passieren und ist daher einfach nur menschlich.
Gleiches gilt für die Tatsache, dass Menschen schreien, wenn ihnen etwas weh tut, was wohl jeder verstehen kann, der selbst schon einmal starke Schmerzen hatte. Auch hier geht es um die Art von Geräuschen, welche man oftmals nicht kontrollieren kann wie z. B. das Räuspern, das man zumeist infolge einer Erkältung macht und das zumeist stillschweigend zur Kenntnis genommen wird. Wenngleich ständiges Räuspern mitunter schon

einmal stören kann, doch man weiß schließlich, dass die Person dies allein aus gesundheitlichen Gründen tut und nicht, um damit aufzufallen.

Ganz im Gegensatz zu Geräuschen wie Rülpsen, was zwar mit den Freunden beim Fußball vor dem Fernseher lustig sein mag, das man sich allerdings ansonsten eher verkneifen sollte, um keinen schlechten Eindruck zu erwecken. Denn so etwas gehört ganz zu der Art von Manieren, welche Sie im Umgang mit anderen Menschen immer berücksichtigen sollten. Dazu gehört zudem auch das laute Schmatzen beim Essen, was beispielsweise im Restaurant ebenfalls ein äußerst schlechtes Bild von Ihnen abgeben würde. Deshalb sollten Sie Dinge wie Rülpsen oder Schmatzen auch stets vermeiden, um das eigene Bild dadurch nicht zu beschädigen.[13]

---

[13] Vgl. Steinmetz, Astrid, 2006: Kommunikation ohne Worte – KoW®. URL: https://www.kommunikation-ohne-worte.de/wp-content/uploads/2016/01/Vortrag-nonverbale-Kommunikation.pdf

# 4. Verbindung zwischen der verbalen und nonverbalen Kommunikation

Menschen benutzen Worte, um ihre eigene Meinung auszudrücken, Fragen zu stellen oder sich über ein bestimmtes Thema zu äußern. Die verbale Kommunikation gilt als wichtiger Teil des alltäglichen Lebens von Menschen und ist ein Muss für eine normale Funktionsweise. Jedoch gibt es andere Möglichkeiten, wie man etwas sagen kann, ohne dass man dabei Worte bzw. die Sprache benutzt. Dabei geht es um die nonverbale Kommunikation, die in bestimmten Fällen mehr Informationen liefern kann, als die verbale.

In diesem Kapitel ich den Zusammenhang zwischen diesen beiden Kommunikationsarten darstellen, um Ihnen einen Überblick zu geben, wie wichtig diese beiden Möglichkeiten für das Äußern der eigenen Stimmung, Meinung etc. sind.

## 4.1 Die verschiedenen Möglichkeiten der nonverbalen Kommunikation

Die nonverbale Kommunikation sind zusätzliche Hinweise, die Ihrem Ansprechpartner mehr Informationen geben können. In der Regel ist die Körpersprache die bekannteste Variante der nonverbalen Sprache, wobei es auch andere Formen gibt wie beispielsweise Augenkontakt, Mimik, Haltung usw. Dadurch verschafft sich der Mensch weitere Informationen auf eine indirekte Art und Weise.

Nennen wir jetzt ein Beispiel, um das zu begründen: Sie befinden sich auf einem Date mit einer Frau, die Ihnen gefällt. Die Frau spricht mit Ihnen, stellt Ihnen Fragen, aber ihr Blick weicht immer von Ihnen ab und sie hat ständig ihr Handy in der Hand. Obwohl sie Ihnen sagt, dass alles okay und sie nicht nervös ist, deutet ihr Benehmen, also ihre Gestik, darauf hin, dass sie nervös ist, sogar noch jemand anderen erwartet und deshalb Angst hat. Auf diese Art und Weise müssen die verbalen und nonverbalen Informationen zusammen verarbeitet werden, damit eine allgemeine Meinung gefasst werden kann.[14]

---

[14] Vgl. Stangl, 2019: Die Deutung von nonverbaler Kommunikation. URL: http://arbeitsblaetter.stangl-taller.at/KOMMUNIKATION/KommNonverbale5.shtml

Zweitens spielt die Berührung eine wichtige Rolle bei der Deutung der nonverbalen Kommunikation. Natürlich hängt die Deutung davon ab, von wem und wo man berührt wird, aber in der Regel hängt die Berührung mit einer bestimmten Emotion zusammen. Wenn Sie beispielsweise von einer Frau berührt werden, kann das erotisch, liebevoll oder sogar angreifend erscheinen. Wie man sie dann deutet, hängt von beiden Seiten ab. Die Berührung beispielsweise im Bereich des Knies und ein damit verbundenes Lächeln auf dem Gesicht der Frau können ein klares Zeichen dafür sein, dass sie etwas von Ihnen will oder dass sie etwas Konkretes von Ihnen erwartet. Die Gestik und Mimik spielen also eine erhebliche Rolle und sagen meistens mehr aus, als man mit den Worten sagen will. Deshalb ist die Verbindung zwischen der verbalen und der nonverbalen Kommunikation so wichtig.[15]

Neben der Gestik spielen auch andere Faktoren eine Rolle, wenn Sie mehr Informationen erhalten möchten. Mimik ist eine andere Möglichkeit der nonverbalen Kommunikation, die dabei hilft, die gesamte Situation zu deuten. Wenn jemand zu Ihnen spricht und seine Mundwinkel freundlich lächelnd erscheinen, zeigt dieses Benehmen, dass sich diese Person freut, mit Ihnen zu reden. Natürlich muss sie das nicht laut

---

[15] Vgl. Stangl, 2019: Die Deutung von nonverbaler Kommunikation. URL: http://arbeitsblaetter.stangl-taller.at/KOMMUNIKATION/KommNonverbale5.shtml

sagen, da Sie das in ihrem Gesicht ablesen können.

Wenn Ihnen eine Person beispielsweise zuhört und ihre Augenbrauen zusammengezogen sind, dann kann das bedeuten, dass sie Sie nicht versteht oder Sie nicht richtig hören kann. Oder wenn eine Person beispielsweise sauer auf Sie ist oder das Thema, das Sie aufgegriffen haben, sie auf irgendeine Art und Weise angreift, dann können ihre Nasenflügel beben und Ihnen so signalisieren, dass die Person eine gewisse Art von Wut empfindet. Daraus schließen Sie mehr, als Sie sich denken können und Sie sollten diesen Aspekt bei einer Kommunikation nie vernachlässigen.[16]

Die Gestik kann auch eine große Rolle spielen und hilft dabei, dass die gesagten Worte an Stärke gewinnen. Sehr viele Menschen müssen "mit den Händen sprechen", während sie einen Vortrag halten. Dies ist meistens ein Zeichen dafür, dass dieser Person entweder die Worte fehlen oder dass sie sehr nervös ist. Sehr oft sieht man in Filmen, dass sich die Frau die Haare um den Finger wickelt, wenn ihr ein Mann gefällt, mit dem sie spricht. Dies ist aber auch ein mögliches Zeichen dafür, dass sie sich langweilt und ihre Aufmerksamkeit nicht mehr so groß ist. Um

---

[16] Vgl. Mai, Jochen (o.J.): Nonverbale Kommunikation: Was wir ohne Sprache ausdrücken. URL: https://karrierebibel.de/nonverbale-kommunikation/?fbclid=IwAR3RerBlwcTHNBTVoyvI-vkW1VFgH5QM8gnC1zt5jZH7gAgxqrzVTI5DQFc

das zu deuten, müssen Sie natürlich dann auch die gesagten Worte in Betracht ziehen, da Sie nur so ein komplettes Bild der gesamten Situation bekommen können.[17]

Der Habitus sagt viel über eine Person aus und gibt Ihnen die Möglichkeit, bestimmte Sachen zu deuten und zu erschließen. Starkes Make-Up bei einer Frau kann bedeuten, dass sie entweder die Aufmerksamkeit auf sich lenken will oder dass sie dem Mann zeigen will, dass sie eine selbstständige und starke Persönlichkeit ist. Wie die Haare aussehen beziehungsweise ob sie rot oder blond gefärbt sind, kann auch als nonverbales Signal betrachtet werden.

Auch die Musik, die eine Person hört, sagt viel über sie aus. Sie dürfen nicht vergessen, dass die Auswahl der Kleidung, des Schmucks und sogar die Auswahl des Partners Ihnen verraten können, wie diese Person eigentlich ist, ohne dass Sie mit ihr direkt kommunizieren müssen. Um jedoch oberflächliche Deutungen zu vermeiden, sollten Sie der Person auch die Möglichkeit geben, etwas über sich zu erzählen,

---

damit Sie dann die beiden Aspekte verbinden und sich somit eine Meinung über die Person bilden können.[18]

## 4.2 Die Deutung der nonverbalen Kommunikation

Bevor Sie die Körperhaltung, die Mimik oder die Gestik einer Person deuten, müssen Sie sich vor allem im Klaren darüber sein, dass bestimmte Deutungen auf 95% der Personen angewandt werden können. Das heißt, dass es immer auch bestimmte Personen gibt, für welche diese Regeln nicht gelten. Deshalb ist der Zusammenhang zwischen der verbalen und nonverbalen Kommunikation so wichtig. Indem Sie Informationen aus beiden Kanälen sammeln, können Sie ein besseres Bild darüber bekommen, was Sie eigentlich von der Person halten sollen. Sie sollten aber auch bestimmte Regeln und Manieren kennen, sodass Sie wissen, was Ihnen eine Person mit ihrer Haltung oder ihrem Benehmen sagen will. Insgesamt kann man sagen, dass diese beiden

---

[18] Vgl. Mai, Jochen (o.J.): Nonverbale Kommunikation: Was wir ohne Sprache ausdrücken. URL: https://karrierebibel.de/nonverbale-kommunikation/?fbclid=IwAR3RerBlwcTHNBTVoyvl-vkW1VFgH5QM8gnC1zt5jZH7gAgxqrzVTl5DQFc

Arten der Kommunikation untrennbar miteinander verbunden sind und dass Sie sie immer gemeinsam deuten und analysieren sollten. Deshalb ist die nonverbale Kommunikation so wichtig.[19]

---

[19] Vgl. Mai, Jochen (o.J.): Nonverbale Kommunikation: Was wir ohne Sprache ausdrücken. URL: https://karrierebibel.de/nonverbale-kommunikation/?fbclid=IwAR3RerBlwcTHNBTVoyvI-vkW1VFgH5QM8gnC1zt5jZH7gAgxqrzVTI5DQFc

# 5. Die Rolle der nonverbalen Kommunikation im Privat- und Berufsleben

Das Thema nonverbale Kommunikation findet sich in vielen verschiedenen Bereichen unseres Alltags wieder, ohne dass wir uns dessen überhaupt bewusst sind. So ist es in einer langjährigen Beziehung oftmals viel einfacher möglich, sich seinem Partner auch ohne viele Worte mitzuteilen. Das kommt daher, dass sich solche Paare in der Regel bereits über Jahre äußerst gut kennen, was es diesen ermöglicht, auch ohne Worte miteinander zu kommunizieren.

Dagegen dient die nonverbale Kommunikation im Berufsalltag eher der besseren Verständigung mit dem jeweiligen Gesprächspartner und ist zudem auch dazu in der Lage, den Eindruck einer anderen Person in eine gewünschte Richtung zu lenken. Aus diesem Grund wird die nonverbale Kommunikation im Berufsleben vor allem dafür genutzt, um die Wahrnehmung anderer zu beeinflussen. Allerdings ist es in beiden Fällen äußerst wichtig zu verstehen, wie bestimmte Dinge bei dem Gegenüber ankommen und auf diese Person wirken. Denn sowohl innerhalb einer Beziehung als auch im Berufsleben besteht immer auch die Gefahr, dass die ausgesendeten Signale falsch gedeutet werden und somit zu Missverständnissen führen.

Damit Ihnen dieses Schicksal erspart bleibt, möchte ich in diesem Kapitel ein wenig näher darauf eingehen, worauf Sie bei der nonverbalen Kommunikation im Privat- und Berufsleben wirklich achten sollten. Denn schließlich möchte wohl niemand einen schlechten Eindruck bei seinen Gesprächspartnern hinterlassen oder seinem Partner ungewollt etwas Falsches vermitteln, weil man nicht damit vertraut ist, wie bestimmte Signale auf andere Personen wirken.[20]

## 5.1 Nonverbale Kommunikation im Privatleben

Im Privatleben kommt es ganz besonders häufig auf die nonverbale Kommunikation an, beispielsweise in einer festen Beziehung. Denn dort können Sie Ihrem Partner, auch ohne viel zu sagen, bereits so einiges mitteilen. So reicht bei Paaren nicht selten schon ein kurzer tiefer Blick in die Augen des anderen, um zu

---

[20] Vgl. Lohrmann, Julia, 2018: Kommunikation. Körpersprache. URL: https://www.planet-wissen.de/gesellschaft/kommunikation/koerpersprache/index.html

erkennen, was gerade in diesem vorgeht, denn die Augen eines Menschen sind – wie schon erwähnt – der Spiegel der Seele. Sie sind dazu in der Lage, viel über das Innenleben einer Person preiszugeben. Daneben können auch der Blick des Partners und dessen Mimik einen deutlichen Hinweis darauf geben, wie es um das Wohlergehen dieser Person gerade bestellt ist. Schließlich eignet sich auch die Mimik eines Menschen dazu, dessen Stimmung zu erkennen, ohne dass dieser etwas sagen muss. Allerdings können wir uns im Privatleben, außer mit den Augen und unserer Mimik, auch mithilfe von Gesten ausdrücken, die dem Gegenüber beispielsweise Ablehnung oder Zuneigung signalisieren. Drückt eine Frau einen Mann beispielsweise von sich, wenn dieser sie küssen will, dann signalisiert sie diesem ihre Ablehnung. Zieht die Frau den Mann dagegen fest an sich heran und lässt sie sich von diesem küssen, dann signalisiert dies dem Mann die Zustimmung der Frau. Deshalb gilt es im Privatleben und dort besonders im Rahmen einer Beziehung, die Signale des Gegenübers ganz genau zu deuten, um auf diese entsprechend reagieren zu können. Menschen, die hierzu nicht in der Lage sind, passiert es besonders häufig, dass sie aufgrund von Fehlinterpretationen häufig Situationen falsch einschätzen.[21]

---

[21] Vgl. Lohrmann, Julia, 2018: Kommunikation. Körpersprache. URL: https://www.planet-wissen.de/gesellschaft/kommunikation/koerpersprache/index.html

## 5.2 Nonverbale Kommunikation im Berufsleben

Neben dem privaten Bereich spielt die nonverbale Kommunikation auch im Berufsleben eine bedeutende Rolle. Denn auch hier vermitteln wir durch die Signale, welche wir durch unsere Körpersprache aussenden, unseren Gesprächspartnern einen Eindruck von uns. Und dieser Eindruck kann zuweilen mit darüber entscheiden, in welcher Form oder Größenordnung dieser Gesprächspartner in Zukunft mit uns zusammenarbeitet.

Deshalb ist es hier besonders wichtig, darauf zu achten, welche Signale Sie selbst aussenden. So sollten Sie einer anderen Person beispielsweise bei der Begrüßung stets die Hand geben und dieser dabei in die Augen schauen, da hierdurch gewisse Umgangsformen unter Beweis gestellt werden und Selbstsicherheit vermittelt wird.

Außerdem wird im Berufsleben oft auch sehr genau darauf geachtet, wie man etwas sagt oder betont. Stottern Sie beispielsweise während einer Präsentation andauernd oder wissen Sie auf Fragen keine Antworten, dann spricht dies nicht gerade für

Ihre Sicherheit. Bereits derartige Kleinigkeiten können in der Folge mitunter äußerst negative Auswirkungen nach sich ziehen.

Ebenfalls ein nicht zu unterschätzender Faktor, der mit darüber entscheidet, wie wir von anderen Menschen wahrgenommen werden, sind unsere Klamotten, die wir tragen. Denn auch diese vermitteln anderen ein Bild von uns, wenn auch nur ein sehr oberflächliches. Trotzdem sollten Sie, vor allem im Berufsalltag, Ihre Bekleidung stets an die jeweiligen Anforderungen anpassen. So sind T-Shirt, Jeans und Turnschuhe zum Beispiel nicht die beste Wahl, wenn Sie eine Präsentation im Unternehmen halten sollen und würde Ihnen zumeist eher negativ ausgelegt werden.[22]

Nicht zuletzt vermittelt auch unsere Haltung anderen Personen ein Bild von uns und sogar ein ziemlich offensichtliches. Stehen Sie während einer Präsentation beispielsweise mit beiden Beinen fest am Boden und haben Sie eine gerade Körperhaltung, dann signalisiert dies Ihren Zuhörern Ihre Selbstsicherheit. Wackeln Sie dagegen stetig hin und her oder spielen Sie permanent mit Ihren Fingern, so signalisiert dies Ihren Zuhörern eher Ihre Nervosität und das wird oftmals auch als störend empfunden.

---

[22] Vgl. Lohrmann, Julia, 2018: Kommunikation. Körpersprache. URL: https://www.planet-wissen.de/gesellschaft/kommunikation/koerpersprache/index.html

Die Sache mit der Haltung können Sie natürlich auch auf eine sitzende Person, beispielsweise einen Zuhörer bei einer Präsentation, übertragen. Sitzt diese Person während der Präsentation aufrecht auf ihrem Stuhl, den Blick stets auf den Redner gerichtet, dann wird diese Haltung als interessiert wahrgenommen werden. Sitzt sie dagegen schief auf ihrem Stuhl, legt sie den Kopf auf die Hand oder lässt sie ständig die Blicke im Raum umherschweifen, so wird dies in den meisten Fällen eher als Desinteresse ausgelegt werden. Die nonverbale Kommunikation spielt also sowohl in unserem Privat- als auch im Berufsleben eine nicht zu unterschätzende Rolle bei der Frage, wie wir auf andere Personen wirken. Denn durch unsere Augen, unsere Mimik oder sogar durch unsere Haltung vermitteln wir ein Bild von uns und sind zudem auch dazu in der Lage, ohne viele Worte mit anderen Menschen zu kommunizieren.

Allerdings ist es den meisten Menschen gar nicht so recht bewusst, welchen Einfluss gewisse Dinge darauf haben können, wie diese von anderen Personen wahrgenommen werden. Doch gerade deshalb sollte sich jeder einmal genau hinterfragen und sich selbst bewusst machen, wie bestimmte Verhaltensweisen auf andere Personen wirken könnten und was dies für das eigene Bild bedeutet, welches diese Menschen von einem haben.[23]

---

[23] Vgl. Lohrmann, Julia, 2018: Kommunikation.

# 6. Die kulturübergreifende Bedeutung der Nonverbalen Kommunikation

Bei beruflichen Geschäftstreffen agieren Menschen unterschiedlicher Kulturkreise miteinander. Beispielsweise kann ein japanischer Geschäftsmann auf einen deutschen Geschäftsmann treffen. In diesem Kapitel erkläre ich Ihnen die Unterschiede der interkulturellen nonverbalen Kommunikation sowie die daraus resultierende Bedeutung und gebe Ihnen Verhaltensempfehlungen mit auf den Weg.[24]

## 6.1 Interkulturelle Kommunikation

Interkulturelle Kommunikation bezieht sich auf Kommunikation, die unter Bedingungen kultureller Überschneidung stattfindet. Einzelpersonen,

---

Körpersprache. URL: https://www.planet-wissen.de/gesellschaft/kommunikation/koerpersprache/index.html

[24] Vgl. Lohrmann, Julia, 2018: Kommunikation. Körpersprache. URL: https://www.planet-wissen.de/gesellschaft/kommunikation/koerpersprache/index.html

Gemeinschaften, Organisationen, soziale Gruppen, Staaten oder Gesellschaften können diese Akteure sein. Häufig sind die Unterschiede beim Kommunizieren von kulturellen Standards abhängig, welche charakteristische Eigenschaften von Kulturen aus der Sicht einer weiteren Kultur beschreiben. der verschiedenen Interpretationen der nonverbalen und paraverbalen Kommunikationsarten der entsprechenden Kulturen ist es möglich, dass Missverständnisse zustande kommen. Diese äußern sich in Handlungs-, Repräsentations- und Ausdrucksformen wie Stimmlage, Volumen, Distanz zum Gesprächspartner, Gestik und Gesichtsausdruck.

Vorurteile können bei interkultureller Kommunikation entstehen, weil alle Teilnehmer ein individuelles, kulturelles Interpretationssystem aufweisen, das sie während des Gesprächs automatisch unbewusst einsetzen. Aufgrund des grundlegenden Attributionsfehlers können solche Interpretations-systeme zu Stereotypisierungen führen. Diese sind nicht zwingend negativ, können allerdings zu Kommunikationsproblemen und letztlich zu Vorurteilen führen. Diese sollten um jeden Preis vermieden werden, weil sie die Diskriminierung von Menschen sowie Gruppen begünstigen. Durch die zunehmende Globalisierung gewinnt die interkulturelle Kommunikation zunehmend an Bedeutung. Darüber hinaus führen Phänomene wie die globale Arbeitsteilung sowie Mobilität, die zunehmende Reisefreiheit und der Massentourismus als auch die

internationale Kommunikation über das Internet zu
ständig zunehmenden Kontakten zwischen Menschen
unterschiedlicher Kulturen. Um den kulturell Anderen
zu verstehen, ist es notwendig, den Ethnozentrismus
zu überwinden.[25]

Unter dem Aspekt Kultur im Hinblick auf interkulturelle
Kommunikation definierte Thomas die Kultur als ein
System der Orientierung, welches für eine Gruppe
oder eine Gesellschaft als typisch gilt. Dieses System
hat einen Einfluss auf die Wahrnehmung sowie auf
das Denken der Menschen und stellt so eigenständige
Ideen für den Umgang mit der Umwelt her. So zeigt es
auch Handlungsmuster und interpretative Ansätze für
das Handeln innerhalb der Kommunikation auf.[26]

## 6.2 Nonverbale Aspekte interkultureller Kommunikation

Wie schon erwähnt, geht es bei der Bezeichnung
interkulturelle Kommunikation um Begegnungen
zwischen Personen, die aus unterschiedlichen

---

[25] Vgl. Wikipedia, o.J.: Interkulturelle Kommunikation. URL:
https://de.wikipedia.org/wiki/Interkulturelle_Kommunikation

[26] Vgl. Wikipedia, o.J.: Interkulturelle Kommunikation. URL:
https://de.wikipedia.org/wiki/Interkulturelle_Kommunikation

Kulturen stammen. Kultur richtet sich nach Lebensformen, welche implizit oder explizit sein können. Hierzu zählen Werte, Traditionen, Rituale, Normen und Denkautomatismen wie etwa Vorurteile. Gefühle verstärkt man in manchen Kulturen durch Mimik und Gestik, wie es beispielsweise in Italien der Fall ist. In Schottland und anderen Ländern werden Mimik und Gestik eher achtsam eingesetzt. Aufgrund unserer kulturspezifischen Programmierung werden wir beeinflusst, wie wir etwas ausdrücken und wahrnehmen.

Von den Automatismen sind sowohl Erwartungen als auch Bewertungen, Wahrnehmungen, Schlussfolgerungen und das Alltagsverhalten geprägt, welche sich bei der Sozialisation entwickelten. Aber Kulturen sind keine einheitlichen, statischen Einheiten. Jede Kultur hat diverse Varianten, "gleichzeitige Ungleichzeitigkeiten", wie Cees Note Boom es einmal sehr treffend formulierte.

Einstellungen oder Lebensstile, welche man in den Großstädten nicht mehr vorfindet, gibt es ebenso noch 50 Kilometer außerhalb (in Dörfern oder kleinen Städten).
In den 70er Jahren zum Beispiel war es in den Städten Deutschlands schon normal, dass Paare ebenfalls ohne Trauschein zusammenwohnten. Hingegen wurden in Dörfern und Kleinstädten die Mieter darüber informiert, dass nach 22 Uhr Besuche

von Herren und Damen nicht erlaubt waren.

Das heißt, je nach Ort und Zeit, Klasse und Referenzgruppe sind unterschiedliche Arten einer Kultur anzutreffen, welche mithilfe von derzeitigen Interaktionen weiter veränderbar sind, wie die momentanen Untersuchungsergebnisse zeigen. Demnach ist es nicht immer möglich, eine kulturelle Zugehörigkeit als selbstverständlich anzusehen. Durch Verhandlung und Aktualisierung kann sie auch geändert werden.

Deutsche Kinder, die nur Deutsch sprechen, und Heranwachsende von Einwanderern, welche Deutsch als zweite oder dritte Sprache sprechen, unterscheiden sich im Unterricht häufig kaum voneinander. Allerdings können sich in Konfliktsituationen plötzlich Gräben auftun, welche davor ignoriert oder verdeckt wurden. In derartigen Fällen ist auch die Entstehung situationsspezifischer kultureller Hybride möglich.

Das bedeutet, dass Kultur kein klar abgrenzbares, homogenes Phänomen ist, sondern etwas Schwingendes und Vielfältiges, was sich jeden Tag verändert und zugleich unser Gefühl (etwa Scham), unsere Wahrnehmung, unser Denken (beispielsweise Stereotypen), unser Alltagsverhalten und unsere Erwartungen durch Automatismen und praktizierte Rituale beeinflusst.

Je mehr Vielfalt es in einer Gesellschaft gibt, desto mehr neue Mitglieder anderer Kulturen migrieren und leisten ihren Beitrag zur Veränderung und Entwicklung einer Gemeinschaft und Kultur und umso vielartiger werden die kulturellen Bezugsgruppen und Bedingungen, nach welchen sich der Einzelne richtet. Daraus resultiert Superdiversität, wie es von Verdovec bezeichnet wurde.

Wenn man heutzutage durch die Innenstädte von Paris, Berlin, Istanbul oder London geht, ist ein Ignorieren dieser Superdiversität nicht mehr möglich. Zum anderen sind in nahe gelegenen Dörfern oder Kleinstädten noch ältere (homogenere) Arten zu finden, welche bei den dort lebenden Menschen wahrscheinlich noch üblich sind, während in den Großstädten die hybriden Formen von derartigen Personen häufig als bedrohlich angesehen werden.

Neben dem Begriff der interkulturellen Kommunikation gibt es auch den Begriff der interkulturellen Kompetenz. Repräsentanten dieser Richtungen setzen sich mit Themenbereichen wie Geschäftstreffen auseinander und wie sie in bestimmten Kulturen erfolgen. Von diesen Darstellungen leitet man dann Handlungsempfehlungen ab.

Der Begriff Interkulturelle Kommunikation wird hauptsächlich in der Geschäftskommunikation verwendet. In der Pädagogik und Lehrerausbildung hingegen spricht man von interkultureller Kommunikation oder vom "Bildungsziel interkulturelle Kompetenz". In einem Fall wird die Überbrückung (Kreuz) betont, im anderen Fall eher Gegensätze (inter). Charakteristisch für interkulturelle Kompetenz (und Bildungsziele) sind "gute Sprachkenntnisse" und "aktive und passive Beherrschung der nonverbalen Kommunikationsformen der fremden Kultur". Solche Trainingsziele sind leichter zu formulieren als zu erreichen. Wer würde zum Beispiel behaupten, dass sie oder er alle Arten der nonverbalen Kommunikation in der Türkei oder Deutschland passiv und aktiv beherrscht? Weil Kulturen weder statisch noch homogen sind, sollte man sich die Frage stellen: alle Arten von allen Gebieten? Schon an der Stelle muss klar sein, dass die Ausdrucksweise von Eppenstein nicht gut durchdacht ist.[27]

---

[27] Vgl. Apeltauer, Ernst, 2014: Nonverbale Aspekte interkultureller Kommunikation – Prof. Dr. Ernst Apeltauer. URL: http://politeknik.de/p4768

## 6.3 Wie die interkulturelle Kommunikation durch Körpersprache beeinflusst wird

Bei dem interkulturellen Anwenden spielt die Körpersprache eine sehr große Rolle, das heißt, während des Kommunizierens von Personen mit unterschiedlichem kulturellem Hintergrund.
Es geht um verschiedene Bereiche. Das erste, was mir einfällt, ist das Verhältnis von Distanz und Nähe. Beispielsweise ist in Japan eine deutlich größere Entfernung zum anderen Land einzuhalten. Des Weiteren ist es möglich, dass einige Körperbereiche in unterschiedlichen Kulturen tabu sind. Die linke Hand ist es in manchen Ländern, während es in anderen der Kopf oder die Füße sind, die auch von Kindern nicht berührt werden dürfen. Selbst mit einem Handzeichen kann man viel Ärger machen und unerwünschte Beleidigungen aussprechen. Ebenso unterscheiden sich die Intensität des Blicks, die Beziehung zwischen Sprache und Stil, die Unterschiede zwischen Männern und Frauen, der Kleidungsstil und vieles mehr von Kultur zu Kultur. Missachtung und Unwissenheit können schnell zu Missverständnissen oder erfolglosen Geschäften führen. Ich bin mir durchaus

darüber im Klaren, wie es sich anfühlt, sich in einem anderen Land völlig allein zurechtzufinden.[28]

## 6.4 Schlüsselqualifikation: Interkulturelle Besonderheiten

Die Welt wird zu einem globalen Dorf. Deshalb betrachte ich die Sensibilisierung für interkulturelle Besonderheiten als eine wichtige Schlüsselqualifikation für den beruflichen Erfolg. Eine Möglichkeit wäre z.B. ein Seminar um sich auf einen Auslandseinsatz vorzubereiten.
Ich rate immer, dass der Partner ebenfalls teilnimmt. Wer für sein Unternehmen ins Ausland geht, arbeitet den ganzen Tag. Allerdings hat der Partner in der Regel mehr Kontaktpunkte mit der Gesellschaft im neuen Heimatland. Solche Einsätze scheitern oft, weil der begleitende Partner sich nicht wohl fühlt.[29]

---

[28] Vgl. Alumni Portal Deutschland, o.J.: Vorsicht vor Fettnäpfchen: Wie Körpersprache die interkulturelle Kommunikation beeinflusst. URL: https://www.alumniportal-deutschland.org/jobs-karriere/karrieremagazin/koerpersprache-interkulturelle-kommunikation/

[29] Vgl. Alumni Portal Deutschland, o.J.: Vorsicht vor Fettnäpfchen: Wie Körpersprache die interkulturelle Kommunikation beeinflusst. URL: https://www.alumniportal-deutschland.org/jobs-karriere/karrieremagazin/koerpersprache-interkulturelle-kommunikation/

## 6.5 Ein paar grundlegende Tipps:

Vor Ihrem Auslandsaufenthalt sollten Sie sich möglichst gut mit sämtlichen Besonderheiten vom neuen Land vertraut machen. Bei der Ankunft ist es wichtig, zunächst die neue Kultur zu beobachten, ehe Sie agieren. Es empfiehlt sich, eine lokale Vertrauensperson zu finden, welche Ihnen kritische Rückmeldung geben kann. Es geht nicht darum, von einem bestimmten Länderbeispiel zu lernen, sondern um grundlegende Fähigkeiten für die interkulturelle Arbeit.

Zum Beispiel, wie man Vertrauen zu einem Geschäftspartner aus einer fremden Kultur schafft und typische Missverständnisse vermeidet. Denn für das Bewusstsein in der interkulturellen Kommunikation helfen nur eventuelle Fehler, damit man wiederum vieles zukünftig besser macht.[30]

---

[30] Vgl. Alumni Portal Deutschland, o.J.: Vorsicht vor Fettnäpfchen: Wie Körpersprache die interkulturelle Kommunikation beeinflusst. URL: https://www.alumniportal-deutschland.org/jobs-karriere/karrieremagazin/koerpersprache-interkulturelle-kommunikation/

# 7. Bewusste und unbewusste Wahrnehmung und die Gestaltung der nonverbalen Kommunikation

Hinsichtlich der nonverbalen Kommunikation differenziert man drei Formen: die unbewusste, teilbewusste und bewusste. Diese möchte ich Ihnen nun genauer erklären.

## 7.1 „Unbewusste nonverbale Kommunikation"

Zusätzlich zu den visuell aufgezeichneten Informationen (Gesichtsausdrücke, Gesten, Mikroausdrücke) spielen auch die anderen Sinne des Menschen eine wichtige Rolle bei dem, durch die nonverbale Kommunikation kontrollierten, Verhalten.

## 7.2 Teilweise bewusste nonverbale Kommunikation

Bestimmte Körpersprachsignale sind nur teilweise bewusst. Normalerweise bemerken wir selbst bestimmte Veränderungen in unserem Gesichtsausdruck, aber für eine bewusste Einbindung in unsere Kommunikation können wir gewisse Veränderungen nicht nutzen, wenn wir sie nicht wahrnehmen. Zum Teil sind autonome Körperfunktionen wahrnehmbar, auch wenn diese nicht bewusst von uns gesteuert werden können. Hierzu zählen Eigenschaften wie das Erröten, Schwitzen, Puls oder Pupillenveränderungen. Diese sind jedoch für unser Gegenüber, also für andere Menschen, durchaus spürbar.

Die Körpersprache bildet, ähnlich wie bei den olfaktorischen Signalen auch, Ausdrücke einer Verhaltenskontrolle. Diese ist genetisch veranlagt und bewirkt bei uns zum Beispiel eine Leistungssteigerung oder gewisse Sensibilität bei der Realisierung von Gefahren. Hierzu einige Beispiele:

- Pulsänderung wegen Leistungssteigerung
- Schwitzen wegen Hautwahrnehmung
- Wahrnehmungsänderung des Gesichtsfeldes wegen drohender Gefahr
- und so weiter

Zudem können sie uns bei der Vorbereitung für die Fortpflanzung helfen, um das beste genetisch verfügbare Material zu bekommen. Hierzu zwei Beispiele:

- Stark ausgeprägtes männliches Aussehen: Zeichen der Durchsetzungsfähigkeit
- Entwicklung der sekundären Geschlechtsmerkmale bei der Frau: Zeichen für die gute Betreuung der Kinder

Oft werden diese Einschätzungen kulturell verleugnet, da diese durchaus unbewusst erfolgen. In unserer Körpersprache kommen auch langfristige Veränderungen im eigenen Lebensstil zum Ausdruck. Beispiele hierfür können sein:

- Zustand von Haaren und Fingernägeln
- Ernährungsumstellungen, die sich auf der Haut bemerkbar machen
- Fettablagerungen
- Muskelaufbau
- Haltungsschäden an der Wirbelsäule durch Vitalitätsmangel
- Mimische Veränderungen durch lang anhaltende, emotional einseitige Lebenssituationen („Lachfalten", „mürrisches Aussehen", „markantes Kinn")

Im Laufe der Evolutionsgeschichte haben sich neben der Fähigkeit, solche Signale zu entschlüsseln, auch die nonverbale und unbewusste Übertragung der Signale sowie der Ausdruck der Körpersprache als mehr als nur nützlich erwiesen.

Zum einen wurde damit im Wettbewerb das beste genetische Material für den Artenschutz gesichert („Gene Shopping"), zum anderen erlangte man so die Vorteile in der sozialen Interaktion unter- und miteinander.

Ein Beispiel, wahrscheinlich sogar das bedeutsamste hierfür, ist das Lächeln.[31] [32]

## 7.3 Bewusste nonverbale Kommunikation

Wir Menschen drücken durch menschliche Gesten wie etwa mittels Hände, Arme, Oberkörper oder durch Mimik im Gesicht – gerade um die Augen und den Mund – Siegerposen aus. Insbesondere in diesem Bereich finden sich nuancierte Ausdruckformen.

---

[31] Vgl. Wikipedia, o.J.: Nonverbale Kommunikation. URL: https://de.wikipedia.org/wiki/Nonverbale_Kommunikation

[32] Vgl. BERUFSVERBAND DER HYPNOSETHERAPEUTEN e.V., o.J. URL: https://www.hypnoseverband.com/wissenswertes/glossar/eintrag/nonverbale-kommunikation/

Ein Teil der genetischen Veranlagung umfasst die Fähigkeit, im Gesicht zu „lesen". Diese stammt aus der Zeit, als wir Menschen die Sprache noch nicht entwickelt und beherrscht haben.

Eben diese vererbte Fähigkeit kann sehr stark variieren und hängt davon ab, ob wir die Kultur der Person kennen oder eben nicht. Der bewusste Einsatz von Mimik, Gestik und Haltungen stellt einen integralen Bestandteil einer jeden menschlichen Kultur dar und ist ein wichtiger Aspekt der Sozialsprache.

Manchmal besitzen ähnliche Gesten aber eine ganz andere Bedeutung in den verschiedenen Teilen der Welt. So bedeutet das Zeichen für „OK" (Daumen und Ringfinger formen ein O, andere Finger sind ausgeschreckt) in Japan „Geld". In Frankreich dagegen steht diese Gestik für „Null", in Äthiopien für „Homosexualität", in Mexiko für „Sex", usw.

Nonverbale Ausdrücke für den bewussten Bereich in der Körpersprache sind im Gegensatz zu denen der nonverbalen Sprache erlernbar. Beispiele hierfür sind:

- -"Pokerface" beim Kartenspiel: Anlächeln des Gegenübers, um in Kontakt zu treten
- Unterstützende Gesten mittels Einsatz der Hände während eines Dialoges
- der "selbstbewusste Handschlag" des Verkäufers
- das "Schönmachen" durch den gezielten Einsatz von Düften und Farbstoffen (Parfüm, Lippenstift, Wimperntusche, etc.)

- sowie sorgfältig ausgewählte Kleidung als gepflegte Kombination verschiedener Signalaktionen bewusster nonverbaler Kommunikation. Im sozialen Umfeld dient das als Ausdruck einer "gepflegten" und damit attraktiven Erscheinung.

In der Gebärdensprachwissenschaft werden die "nicht-linguistischen" begleitenden Kommunikationsteile von Körperbewegungen als "nonverbale Kommunikation" bezeichnet. Beispiele dafür sind:

- Das Winken sowie das Winken mit den Armen beziehungsweise das Berühren der Person, mit der Sie sprechen, um deren Aufmerksamkeit zu erregen.
- Die Mimik hingegen wird als Teil des Gebärdensprachkorpus betrachtet, soweit sie sprachliche Funktionen erfüllt (z.B. Unterscheidung von Zeichen, die sich in der manuellen Artikulation nicht unterscheiden):
- Bekleidung und andere Maßnahmen zur Körpergestaltung (wie Schmuck, Haare, Bart, Tattoos, Kopfbedeckungen usw.)

Einen weiteren Bereich der nonverbalen Kommunikation stellen Elemente der Körpersprache sowie Maßnahmen für die weitere Umgebung (Haus, Garten, Wohnung, Auto, etc.) in der bewussten nonverbalen Kommunikation dar (Kleidung als

Zeichensystem).

Hier möchte ich ausdrücklich darauf hinweisen, dass gewisse Grundkenntnisse dabei helfen können, zu erkennen, wie Ihr Gesprächspartner gerade tickt. Es ist durchaus hilfreich zu erfahren, was Ihr Gegenüber gerade fühlt, um herauszufinden: Wie erreiche ich am besten meinen Gesprächspartner?

Ein Ergebnis zu der Erforschung dieses Sachverhaltes belegt, dass jemand, der aus der Erinnerung heraus die Wahrheit erzählt, seinem Gegenüber nicht in die Augen sehen kann. Damit sich diese Person an die Erinnerung erinnern kann, wendet sie den Blick für einen Augenblick ab. Somit ist die Aussage aus dem Volksmund „Wenn jemand lügt, kann er dir nicht in die Augen sehen" nicht richtig! Vielmehr ist das Gegenteil der Fall, da es in einer erfundenen Geschichte keine „wahren bzw. echten" Erinnerungen gibt.

Hier ein kleiner Überblick über die sogenannten „Grundemotionen": Freude, Traurigkeit, Überraschung, Ekel, Angst und Wut. Diese sind mit ein wenig Übung leicht zu erkennen. Die Liste wurde jedoch 1990 um Fröhlichkeit, Entspannung, Zufriedenheit, Verachtung, Aufregung, Verlegenheit, Schuld und Scham erweitert. Bei Scham dauert es etwas länger, bis man diese wirklich erkennt.[33]

---

[33] Vgl. Wikipedia, o.J., Nonverbale Kommunikation. URL: https://de.wikipedia.org/wiki/Nonverbale_Kommunikation

# 8. So werden Lügner leichter entlarvt

Aggressionen, Aufregung und Unbehagen werden mit Hilfe der Körpersprache ausgedrückt. Damit können wir auch Lügner zuverlässig entlarven. Schwindler lassen sich nur sehr ungern in die Luft jagen. Dennoch verbrauchen sie viele Ressourcen. Damit kann kaum jemand beim Lügen einen Fehler begehen. Oft sind es winzig kleine verräterische Gesten, an denen wir eine richtige Lüge erkennen können. Deswegen muss darauf besonders geachtet werden.

Empfinden wir Freude, Verachtung, Traurigkeit, Angst, Ekel, Wut oder Überraschung, haben alle Menschen den gleichen Gesichtsausdruck. Der Grund hierfür ist in den Genen hinterlegt: Sie sind uns schlicht und ergreifend einfach angeboren. Diese mimischen Signale werden zumeist völlig unbewusst und unbedacht eingesetzt.

Bei der Identifizierung von Lügen, helfen vor allem mimische Zeichen. Sogenannte „Mikroausdrücke" sind die Hauptverräter. Dabei handelt es sich um ungefilterte Gesichtsausdrücke, welche nur für einen Bruchteil einer Sekunde auf Ihrem Gesicht aufblitzen. Anschließend werden sie sofort von kontrollierten Gesichtsausdrücken ersetzt. Mikroausdrücke werden immer zeigen, was man wirklich denkt, obwohl die wahren Gefühle unterdrückt werden.[34]

**Zwei Asymmetrien:**

Bei uns Menschen lassen sich viele verschiedene Gefühle über die Mimik ablesen beziehungsweise erkennen, dazu gehören unter anderem das Stirnrunzeln, Lächeln und das Anheben der Augenbrauen. Alle diese Gefühle werden symmetrisch gezeigt.

Schauen Sie sich hingegen Menschen an, denen Verachtung ins Gesicht geschrieben steht, erkennen Sie, dass nur eine Seite der Lippe angezogen wird. Wenn Sie Lügen erkennen wollen, sollten Sie daher besonders auf Asymmetrien sowie auf nicht abgeschlossene Mimik achten. Das falsche Lächeln ist auch sehr verräterisch, was sich in der Tatsache ausdrückt, dass der Mund lächelt, sich aber nichts um die Augen bewegt.

Lächeln ist einer der Gesichtsausdrücke, die wir bewusst kontrollieren können. Wenn Ihnen also ein Mensch ein herzliches, ehrliches Lächeln entgegenbringt, werden dessen Gesichtsmuskeln aktiv, so lächeln auch die Augen mit. Ob ein Lächeln echt ist, kann man gut an dessen Dauer erkennen, die

---

[34] Vgl. Groß, 2017, Lügen erkennen: So entlarvst du Schwindler! URL: https://www.desired.de/liebe/dating/koerpersprache/luegen-erkennen/

emotionale Mimik und deren Wiedergabe dauern mindestens fünf Sekunden, allerdings kaum einmal länger als 10 Sekunden. Dauert ein Lächeln also deutlich länger als 10 Sekunden, können Sie tatsächlich davon ausgehen, dass es sich um ein falsches Lächeln handelt.

Häufig wird behauptet, dass, wenn ein Mensch lügt, kein direkter Augenkontakt gehalten wird. Diese Behauptung ist jedoch absolut falsch! In der Realität schauen die meisten Menschen, die lügen, direkt in die Augen des Menschen, den Sie anlügen. Dies liegt ganz einfach daran, dass eine Lüge fiktiv ist und keine Gehirnaktivitäten nötig sind, um Gespeichertes abzurufen. Daher können die Augen den Blickkontakt halten.
Natürlich versuchen Menschen, die bewusst eine Lüge erzählen, den Augenkontakt zu halten, denn es ist hinreichend bekannt, dass der Blickkontakt ein Zeichen der Wahrheit ist. Doch mit ein wenig Übung lassen sich auch solche Lügner zuverlässig enttarnen. Beim Lügen steigt die Blinzelfrequenz deutlich an. Schließt der "Schwindler" kurz seine Augen, kann dies daran liegen, dass er gerade etwas frei erfindet.[35]

**Gesten verraten Lügner**

---

[35] Groß, 2017, Lügen erkennen: So entlarvst du Schwindler! URL: https://www.desired.de/liebe/dating/koerpersprache/luegen-erkennen

Ein Mensch, der offen und ehrlich etwas erzählt, wird sich in der Regel keine Gedanken über seine Gestik machen und völlig freie Handbewegungen und Körperreaktionen zulassen

Beim Erzählen einer Lüge sieht dies hingegen völlig anders aus. Beim Lügen versuchen die meisten Menschen übertriebene Gesten zu vermeiden. Wenn Sie also erkennen möchten, ob jemand, den Sie kennen, lügt, achten Sie genau auf dessen Mienenspiel und Gestik.

1. Hüten Sie sich vor Widersprüchen: Wenn Körpersprache und verbale Aussage nicht harmonieren, ist etwas faul (z.B. Kopfschütteln, wenn die Aussage positiv ist).

2. **Achtung!** Besonders eindeutig sind Widersprüche, wenn der "Lügner" auffällig in seiner verbalen Aussage und seiner Körpersprache ist und die gesamten Abläufe disharmonisch aussehen, dann passt das nicht, dies kann beispielsweise eine positive Aussage verbunden mit einem Kopfschütteln sein. Auch wenn jemand seine Gestik kurz unterbricht, kann dies ein Zeichen dafür sein, dass eine Lüge folgen wird. Weiterhin kann es sein, dass Menschen, die nicht die Wahrheit sagen, einen größeren Abstand zu der anderen Person halten. Dies ist

ein Zeichen für die Angst, dass man dessen Lügen bemerken könnte.

3. Das Gesicht berühren:
Lügner berühren sich häufiger im Gespräch im Gesicht oder am Hals oder Mund. Sie kratzen sich an der Nase oder hinter Ihrem Ohr. Daran können Sie auch eine Lüge erkennen.[36]

## Lügen durch die Stimme erkennen

Lügt ihr Gesprächspartner, dann können Sie das auch an der Stimme dieser Person erkennen.

1. **Erhöhte Stimmlage**: Über zwei Drittel der Lügner sprechen die Unwahrheiten mit einer deutlich höheren Stimme aus, besonders auffällig ist dies bei Kindern und Frauen. Um einen Lügner zu enttarnen, sollten Sie versuchen, diesem Fragen zum Thema zu stellen, welche nicht nur mit einem ja oder nein beantwortet werden können. Je mehr der Lügner beantworten beziehungsweise sagen muss, desto größer ist die Chance, dass sich dieser selber verrät.

2. **Tipp**: Achten Sie gut auf den Ablauf einer Erzählung, Lügner werden ihre Unwahrheiten

---

[36] Groß, 2017, Lügen erkennen: So entlarvst du Schwindler! URL: https://www.desired.de/liebe/dating/koerpersprache/luegen-erkennen

immer auffällig chronologisch erzählen. Dies liegt ganz einfach daran, dass Lügen meistens vorab gut durchdacht werden, die Erläuterungen werden meistens ohne größere Details ausgeführt. Wenn Sie also die Vermutung haben, dass Sie von jemandem angelogen werden, sollten Sie sich die Geschichte möglichst oft erzählen lassen.

3. Wenn jemand auf eine Frage mit einer oder mehreren Gegenfragen reagiert, könnte dies daran liegen, dass derjenige Zeit gewinnen möchte, um sich eine passende Antwort zurecht zu legen. Lügner nutzen völlig unbewusst Füllwörter, beispielsweise "gut" oder "um". Auch dies geschieht, um Zeit zu schinden. Räuspern und kurze Lacher dienen auch dazu, um etwas mehr Zeit vor einer Antwort zu gewinnen.

4. Versucht man Ihnen Schuld einzureden, bitte vorsichtig sein, so lenken Lügner gerne vom Thema ab.

5. Ausgeschmückte Sätze kommen besonders häufig vor, wenn Lügen erzählt werden. Wenn jemand die Wahrheit sagt, wird dessen Antwort kurz und natürlich ausfallen: Auffällige Sätze oder Einleitungen sind beispielsweise: "Ich schwöre bei allem, was mir heilig ist..."; "Ganz ehrlich..."; "Ich versichere dir,...". Lügen die

häufig vorkommen, fallen meisten sehr kurz aus: Wie hat es dir gefallen? "Toll", "Gut" usw. Bei Jugendlichen hingegen ist eine kurze Antwort absolut normal. Hier wird immer kurz und bündig geantwortet.[37]

Um einen Lügner zu enttarnen sollten Sie allerdings besonders auf die eigene Intuition achten, einer der erwähnten Hinweise macht noch nicht zwingend einen Schwindler erkennbar. Erst wenn mehrere Hinweise zusammenkommen, wird es eindeutiger.

Die Körpersprache ist weltweit gleich. Es gibt nur sehr wenige Ausnahmen. Nonverbale Signale helfen dabei, einen Lügner auf frischer Tat zu erkennen und dessen Schwindeleien zu durchschauen.

Gerade wenn man sich nicht mit der eignen nonverbalen Kommunikation beschäftigt und nicht weiß, wie man sich verhält, wenn man etwas erzählt, kann das nonverbale Verhalten unter Umständen nachteilige Auswirkungen haben. Unser Gegenüber kommuniziert ständig mit uns, verbal mit Hilfe der Sprache und nonverbal durch Mimik und Gestik, also mit der Körpersprache.

---

[37] Groß, 2017, Lügen erkennen: So entlarvst du Schwindler! URL: https://www.desired.de/liebe/dating/koerpersprache/luegen-erkennen/

Durch bewusstes Beobachten, von sich selbst und anderen Menschen in einem Dialog, bekommen Sie ein Gespür für die nonverbale Kommunikation. Sie nehmen wahr, wie sich Ihr Gegenüber verhält, wenn Sie etwas sagen und bewerten die Situation anhand dessen. Nur das Zusammenspiel von Sprache und Körpersprache macht es möglich, zwischen den Zeilen zu lesen. Das genaue Beobachten der beiden Sprachen macht es möglich, die Person und die Situation einzuschätzen.

Wenn Körpersprache im Dialog etwas anderes vermittelt als die Sprache, sollten Sie vorsichtig werden. Man versucht Sie vermutlich zu manipulieren. Sprache wird bewusst gesteuert, Körpersprache wird meistens unbewusst gesteuert. Beobachten Sie Ihr Gegenüber in solchen Situationen weiter. Jeder Mensch kommuniziert ständig nonverbal, über die Körpersprache, den Gesichtsausdruck und den Augenkontakt. So werden Gefühle oder Verhaltensweisen durch den Körper ausgedrückt. Ihre Mitmenschen zu verstehen bzw. zu „lesen", können Sie trainieren.
Lernen Sie Eigen- und Fremdwahrnehmung.
Vergleichen Sie, was passiert und was Sie denken, miteinander, so erlangen Sie ein tiefes Verständnis für die Prozesse. Schließen Sie Ihre eigene falsche Einschätzung aus und sehen Sie, was wirklich ist.

Sie müssen lernen, dass in der persönlichen nonverbalen Kommunikation die Sprache des Körpers und das gesprochene Wort im Einklang sind. Sie sollten lernen, Sie selbst zu sein und dies auch so wiederzugeben, Ihre eigenen inneren Überzeugungen auch so rüber zu bringen, wie Sie sie fühlen, dann sind Sie <u>authentisch</u>.

Auch bei der interkulturellen nonverbalen Kommunikation ist es wichtig, Körpersprache und Sprache zu vergleichen und Unterschiede zu erkennen. Beobachten Sie genau, da sich auch hier die nonverbale Körpersprache jederzeit ändern kann. Dieses genaue Beobachten und Hinterfragen der Situation und der nonverbalen und verbalen Kommunikation hilft, Situationen objektiv wahrzunehmen und zu spüren, was wirklich ist.

Nonverbale Kommunikation begleitet Sie durch Ihr ganzes Leben. Es spielt keine Rolle, mit wem Sie sprechen, ob privat oder beruflich, nonverbale Kommunikation ist immer vorhanden. Sehen Sie in der nonverbalen Kommunikation eine Chance für sich, die Sie herausfordert, weiterhin mit sich und Ihrem Verhalten richtig umzugehen!

# Literaturverzeichnis

Alumni Portal Deutschland (o.J.): Vorsicht vor Fettnäpfchen: Wie Körpersprache die interkulturelle Kommunikation beeinflusst.
URL: https://www.alumniportal-deutschland.org/jobs-

karriere/karrieremagazin/koerpersprache-interkulturelle-kommunikation/.
Apeltauer, Ernst (2014): Nonverbale Aspekte interkultureller Kommunikation – Prof. Dr. Ernst Apeltauer.
URL: http://politeknik.de/p4768.

BERUFSVERBAND DER HYPNOSETHERAPEUTEN e.V., o.J.
URL:
https://www.hypnoseverband.com/wissenswertes/glossar/eintrag/nonverbale-kommunikation/

Groß, Anna (2017), Lügen erkennen: So entlarvst du Schwindler!
URL:
https://www.desired.de/liebe/dating/koerpersprache/luegen-erkennen/

Lohrmann, Julia, (2018): Kommunikation.
Körpersprache.
URL:
https://www.planet-
wissen.de/gesellschaft/kommunikation/koerpersprach
e/index.html

Mai, Jochen (o.J.): Nonverbale Kommunikation: Was
wir ohne Sprache ausdrücken. URL:
https://karrierebibel.de/nonverbale-kommunikation

Stangl, Werner (2019): Informationskanäle
Multidimensionalität von Kommunikationen.
URL:
http://arbeitsblaetter.stangl-
taller.at/KOMMUNIKATION/KommNonverbale2.shtml#
Gesichtsausdruck

Stangl, Werner (2019): Die Deutung von nonverbaler
Kommunikation.
URL:
http://arbeitsblaetter.stangl-
taller.at/KOMMUNIKATION/KommNonverbale5.shtml

Steinmetz, Astrid (2006): Kommunikation ohne Worte
– KoW®.
URL:
https://www.kommunikation-ohne-worte.de/wp-
content/uploads/2016/01/Vortrag-nonverbale-
Kommunikation.pdf

Wikipedia (o.J.): Interkulturelle Kommunikation.
URL:
https://de.wikipedia.org/wiki/Interkulturelle_Kommunik
ation

Wikipedia (o.J.): Nonverbale Kommunikation.
URL:
https://de.wikipedia.org/wiki/Nonverbale_Kommunikati
on

# Haftungsausschluss

„Die Verwendung der Informationen in diesem Buch und die Umsetzung derselben erfolgt ausdrücklich auf eigenes Risiko. Der Autor kann für etwaige Unfälle und Schäden jeder Art, die sich bei der Zubereitung der Speisen ergeben, aus keinerlei Rechtsgrund die Haftung übernehmen. Haftungsansprüche gegen den Autor für Schäden jeglicher Art, die durch die Nutzung der Informationen in diesem Buch bzw. durch die Nutzung fehlerhafter und/oder unvollständiger Informationen verursacht wurden, sind ausgeschlossen. Folglich sind auch Rechts-und Schadenersatzansprüche ausgeschlossen. Der Inhalt dieses Werkes wurde mit größter Sorgfalt erstellt und überprüft. Der Autor übernimmt keine Gewähr und Haftung für die Aktualität, Korrektheit, Vollständigkeit und Qualität der bereitgestellten Informationen. Druckfehler können nicht vollständig ausgeschlossen werden. Weiterhin beruht der Inhalt dieses Werkes auf persönlichen Erfahrungen und Meinungen des Autors. Der Inhalt darf nicht mit medizinischer Hilfe verwechselt werden."

# *Impressum*